全面建成小康社会：中国人权事业发展的光辉篇章

（2021 年 8 月）

中 华 人 民 共 和 国
国务院新闻办公室

人民出版社

目　　录

前　　言

　　人权是人类文明进步的成果和标志,尊重和保障人权是现代文明的基本精神,也是中国共产党人的不懈追求。中国共产党是为人民谋幸福的政党。中国共产党的 100 年,是争取人权、尊重人权、保障人权、发展人权的 100 年,极大提高了中国人权文明水平,丰富发展了人类文明多样性。

　　全面建成小康社会是中国共产党和中国政府为增进人民福祉、提高全体人民人权保障水平、实现国家现代化而实施的一项重大国家发展战略。2021 年 7 月 1 日,中共中央总书记、国家主席习近平在北京代表党和人民庄严宣告,"我们实现了第一个百年奋斗目标,在中华大地上全面建成了小康社会,历史性地解决了绝对贫困问题,正在意气风发向着全面建成社会主义现代化强国的第二个百年奋斗目标迈进"。这是中国人权进程中一个激动人心的时刻、一个载入史册的时刻、一个继往开来的时刻。

全面建成小康社会是中国共产党不忘初心、牢记使命的真实写照。在中国共产党的领导下，中国人民奋力决胜全面小康，最终实现了从贫困到温饱到总体小康直到全面小康的历史跨越。

全面小康是经济富裕、政治民主、文化繁荣、社会公平、生态良好的小康，是城乡区域均衡发展、惠及全体人民的小康，是切实尊重和全面保障人权的小康。中国全面建成小康社会，夯实了人权基础，丰富了人权内涵，拓宽了人权视野，意味着人权的全面发展和全民共享，谱写了中国人权事业的新篇章，创造了人类尊重和保障人权的奇迹。

一、全面建成小康社会开辟
人权事业新境界

在中国,"小康"是一个古老的词汇,指免于劳苦和匮乏,生活水平处于温饱与富裕之间的一种较为殷实幸福的状态。享有安宁、祥和与幸福的生活是人们自古以来的美好愿景。改革开放之初,中国根据自身具体国情提出建设小康社会的目标,蕴含着关注和增进民生福祉、保障和促进人权的丰富内涵。全面建成小康社会开辟了全面保障人权的新时代。

1. 全面建成小康社会的光辉历程

建设小康社会是 20 世纪 80 年代以来,中国共产党领导中国实现国家富强、民族复兴、人民幸福的宏伟战略。基于对中国发展实际的分析和判断,中国共产党提出坚持以经济建设为中心,通过经济发展带动整个社会进步。从那时起,"小康""全面建设小康社会""全面建成小康社会"

成为中国共产党和中国政府的阶段性奋斗目标。

1979年12月,邓小平提出建设"小康之家"的设想,创造性地借用"小康"这个富有中国传统文化特色的概念来表述"中国式的现代化"的重要内容与目标。1982年中共十二大报告明确,从1981年到20世纪末的二十年,力争使全国工农业的年总产值翻两番,解决人民的温饱问题。1992年中共十四大报告指出,11亿人民的温饱问题已经基本解决,正在向小康迈进。

2002年中共十六大报告宣告,"人民生活总体上实现了由温饱到小康的历史性跨越",并进一步提出"全面建设小康社会"的目标:在本世纪头二十年,集中力量,全面建设惠及十几亿人口的更高水平的小康社会,使经济更加发展、民主更加健全、科教更加进步、文化更加繁荣、社会更加和谐、人民生活更加殷实。

2012年中共十八大报告进一步提出"确保到2020年实现全面建成小康社会宏伟目标",实现经济持续健康发展,人民民主不断扩大,人权得到切实尊重和保障,文化软实力显著增强,人民生活水平全面提高,资源节约型、环境友好型社会建设取得重大进展。2017年中共十九大报告提出决胜全面建成小康社会,要求紧扣中国社会主要矛盾变化,统筹推进经济建设、政治建设、文化建设、社会建设、生态文明建设,攻坚克难,使全面建成小康社会得到人民认可、经得起历史检验。

2021 年 7 月 1 日,中共中央总书记、国家主席习近平在北京代表党和人民庄严宣告,在中华大地上全面建成了小康社会。

小康社会的全面建成,标志着中华民族伟大复兴中国梦迈出关键一步,实现了中国共产党和中国政府向人民、向历史作出的庄严承诺。

2. 全面建成小康社会的人权内涵

全面建成小康社会的进程,也是中国人权事业全方位发展的进程,始终体现和包含着解放人、保障人、发展人的战略、目标和任务。

全面建成小康社会首先要保障生存权。生存是享有一切人权的基础。小康社会建设将解决温饱问题、保障生存权作为首要目标,不断满足人民日益增长的物质文化需要。在全面建成小康社会进程中,人民生活质量显著提高,衣食住行用都有较大改善,生存权保障水平稳步提升。

全面建成小康社会必然要实现各类人权协调发展。全面小康强调保障物质文明、政治文明、精神文明、社会文明、生态文明建设成果惠及人民。坚持人权相互依存、不可分割的基本原则，既保护经济社会文化权利，又保障公民人身权、人格权、财产权和民主政治权利，全方位增进各类人权和基本自由。

全面建成小康社会就是要促进所有人的人权。全面小康，本质上是全民共享人权的小康。在全面建成小康社会的历史进程中，中国构建起机会公平、规则公平和权利公平的社会公平体系，切实保障人民平等参与发展、共同促进发展、共享发展成果。中国共产党和中国政府坚持人权主体的普遍性，确保全面小康路上不让一个人掉队；坚持共同富裕方针，通过一部分人先富带动全体人民共富，让发展成果平等惠及全民，实现分配正义；坚持法律面前人人平等和不歧视原则，确保全体公民不分民族、种族、性别、职业、家庭出身、宗教信仰、教育程度、财产状况、居住期限，一律、无差别地享有人权，受到同等的尊重；坚持保护弱势群体，以坚定决心、精准思路、有力措施，举全社会之力，向绝对贫困发起总攻，重点保障贫困地区、贫困人口的基本权利。

3. 全面建成小康社会的人权意义

人权是善治之本。中国全面建成小康社会,始终坚持尊重人权、保障人权、促进人权的价值遵循,将增加人民的获得感、幸福感、安全感作为出发点和落脚点。

全面建成小康社会为人权保障与发展奠定了坚实物质基础。在全面建成小康社会进程中,中国坚定不移贯彻新发展理念,保持经济长期快速增长,稳定解决了十几亿人的温饱问题;破除城乡二元结构,改革收入分配格局,人民收入水平不断提升;开展精准扶贫、精准脱贫,决胜脱贫攻坚,加强对各类弱势群体的保护;基本建立覆盖全民的社会保障体系,人民健康和医疗卫生水平大幅提高;建设完善公共文化服务体系,全面实现城乡免费义务教育,构建高效泛在的信息网络;加快生态文明建设,实施环境保护基本国策,污染防治力度加大,生态环境明显改善。全面建成小康社会,经济、社会、文化、环境权利更加公平可及,各类主体在经济、政治、社会和文化等领域的平等参与和平等发展,更加切实和顺畅便捷。

全面建成小康社会为人权保障与发展奠定了坚实民主政治基础。坚持中国共产党领导、人民当家作主、依法治国有机统一,党的领导体制机制更加完善,人民代表大会制度、中国共产党领导的多党合作和政治协商制度、民族区域自治制度、基层群众自治制度稳步发展。社会主义民主政治制度化、规范化、法治化、程序化建设不断推进,民主形式更加丰富,民主渠道更加畅通,共建共享的社会治理格局初步构建,人民当家作主落实到国家政治生活和社会生活之中,公民权利更有保障,民主政治权利更加充分。

全面建成小康社会推动了人权法治保障持续加强。"国家尊重和保障人权"载入宪法,成为治国理政重要原则。全面推进依法治国上升为国家战略,保证宪法全面实施的体制机制不断健全,科学立法、严格执法、公正司法、全民守法深入推进,法治国家、法治政府、法治社会建设相互促进,中国特色社会主义法治体系日益完善,全社会法治观念明显增强。行政体制改革、国家监察体制改革、司法体制改革取得实效,权力运行制约和监督体系建设有效实施。人权保障法治化水平不断提升。

全面建成小康社会培育了全社会尊重和保障人权的文化。全面建成小康社会,推动了中华优秀传统文化的创造性转化、创新性发展,社会主义核心价值观深入人心,公共文化服务水平不断提高,文化事业和文化产业蓬勃发展。

全面建成小康社会,更好构筑了中国精神、中国价值、中国力量,文化自信得到彰显,国家文化软实力和中华文化影响力大幅提升。全面建成小康社会的过程,也是每一个人对自身价值、人格尊严和主体地位认识不断提升的过程,促进了尊重和保障人权文化氛围的形成。

二、消除绝对贫困实现
基本生活水准权

贫困是实现人权的最大障碍。中国共产党和中国政府高度关注农村贫困问题,持续推进扶贫开发事业,在消除贫困道路上不断取得新突破。中共十八大以来,中国政府把贫困人口全部脱贫作为全面建成小康社会的底线任务和标志性指标,组织实施了人类历史上规模空前、力度最大、惠及人口最多的脱贫攻坚战,完成了消除绝对贫困的艰巨任务。

根据中国农村居民每人每年生活水平在 2300 元以下(2010 年不变价)的现行贫困标准,经过中共十八大以来 8 年持续奋斗,到 2020 年底,中国现行标准下 9899 万农村贫困人口全部脱贫,832 个贫困县全部摘帽,12.8 万个贫困村全部出列,区域性整体贫困得到解决。改革开放以来,按照现行贫困标准计算,中国 7.7 亿农村贫困人口摆脱贫困;按照世界银行国际贫困标准,中国减贫人口占同期全球减贫人口 70%以上。中国提前 10 年实现《联合国 2030 年可持续发展议程》减贫目标,为全球减贫事业发展和人类发展进步作出了重大贡献。

1. 贫困人口食物权得到稳定保障

中国政府通过发展农业生产奠定免于饥饿的坚实基础。建设现代农业产业技术体系,提升农业综合生产能力,实现农产品产量稳定增长,解决食物匮乏和营养不良问题。全国粮食总产量由 1949 年的 11318 万吨提高到 2020 年的 66949 万吨。目前,全国人均粮食占有量超过 474.4 公斤,高于人均 400 公斤的国际粮食安全标准线。通过增加收入保障贫困人口粮食获取。建立精准扶贫、精准脱贫机制。贫困地区农村居民人均可支配收入,从 2013 年的 6079 元增长到 2020 年的 12588 元,2013 年至 2020 年年均增长 11.6%。贫困人口粮谷类食物摄入量稳定增加,"不愁吃"问题基本解决,重点贫困群体健康营养状况明显改善,免于饥饿的基本权利得以切实保障。通过营养改善计划保障贫困儿童食物供给。实施贫困地区儿童营养改善项目,为集中连片特殊困难地区 6—24 月龄婴幼儿每天免费提供 1 包辅食营养补充品,截至 2020 年累计 1120 万儿童受益。实施农村义务教育学生营养改善计划,为学生提供营养膳食补助,覆盖农村义务教育阶段学校 13.2 万所,每年惠及 3800 余万名学生。

2. 贫困人口饮水安全得到有力保障

2005 年以来,中国政府投入大量财政资金实施农村饮水安全工程,到 2015 年末共解决了 5.2 亿农村居民和 4700 多万农村学校师生的饮水安全问题。农村饮水安全问题基本得到解决。"十三五"规划期间,又实施农村饮水安全巩固提升工程,累计解决 2889 万贫困人口饮水安全问题,3.82 亿农村人口受益。贫困地区自来水普及率从 2015 年的 70%提高到 2020 年的 83%。各地通过实施水源置换、净化处理、易地搬迁等措施,累计解决 952 万农村人口饮水型氟超标问题。

3. 贫困地区义务教育得到充分保障

深入实施《教育脱贫攻坚"十三五"规划》和《深度贫困地区教育脱贫攻坚实施方案(2018—2020 年)》,实现义务教育有保障,阻断贫困代际传递。大力改善贫困地区义务教育学校办学条件,持续提升义务教育学校办学水平和教育质量。全国中小学（含教学点）互联网接入率达到100%，拥有多媒体教室的学校比例达到95.3%。实施农村义务教育学校教师特设岗位计划，吸引更多优秀高校毕业生到农村贫困地区任教。连片特困地区乡村教师生活补助惠及8万多所学校、127万名教师，累计选派19万名教师到边远贫困地区、边疆民族地区支教。建立健全学生资助体系，不断提高学生资助精准度，对义务教育阶段建档立卡家庭经济困难学生全部给予生活费补助。全国每年约1.5亿城乡义务教育学生免除杂费并获得免费教科书，约2500万家庭经济困难学生获得生活补助，约1400万进城务工人员随迁子女实现相关教育经费可携带。农村贫困家庭子女义务教育阶段辍学问题实现动态清零，2020年贫困县九年义务教育巩固率达到94.8%。

4. 贫困人口基本医疗得到有效保障

实施健康扶贫工程，采取综合措施，保障农村贫困人口享有基本医疗卫生服务，着力提高农村贫困人口医疗保障水平，缓解因病致贫因病返贫问题。持续完善县乡村三级医疗卫生服务体系，除符合基本医疗有保障标准、可不设立的外，实现每个乡镇和每个行政村都有一个卫生院和卫生室并配备合格医生,每个贫困县至少有 1 家公立医院;98%的贫困县至少有一家二级以上医院;贫困群众常见病、慢性病基本能够就近获得及时诊治。把贫困人口全部纳入基本医疗保险、大病保险、医疗救助三重制度保障范围,贫困人口基本医疗保险参保率稳定在 99.9% 以上,基本实现应保尽保。实施大病集中救治、慢病签约管理、重病兜底保障等措施,农村贫困人口大病专项救治病种数量增加到 30 种,包括儿童先心病、儿童白血病、胃癌、食道癌、结肠癌、重性精神疾病等。2000 多万贫困患者得到分类救治,曾经被病魔困扰的家庭挺起了生活的脊梁。

5. 贫困人口住房安全得到切实保障

通过农村危房改造、建设集体公租房等措施,帮助数千万贫困农民告别原来的破旧泥草房、土坯房等危房,住上安全房,农房抗震防灾能力和居住舒适度得到显著提升,农村贫困人口住有所居和基本住房安全得到切实保障。其中,2008 年至 2020 年,中央财政累计投入 2842.5 亿元补助资金,支持 2762.2 万户建档立卡贫困户、低保户、农村分散供养特困人员、贫困残疾人家庭等贫困群众改造危房,帮助8000 多万农村贫困人口住上了安全住房。

三、以发展促人权增进
经济社会文化权利

在全面建成小康社会进程中,中国坚持以发展促人权,推动全面落实经济社会权利、文化教育权利以及生态环境权利,人民生活更加富足安康、和谐幸福。

1.疫情防控奉行生命至上

新冠肺炎疫情是百年以来人类经历的最严重的全球公共卫生突发事件。中国坚持人民至上、生命至上,不惜付出巨大经济社会代价,在疫情暴发之初就采取最全面最严格最有力的防控措施,有力扭转了疫情局势,维护人民生命安全和身体健康。

疫情暴发初期,中国举全国之力实施了规模空前的生命大救援,从全国调集最优秀的医生、最先进的设备、最急需的资源千里驰援武汉市和湖北省。2020 年 1 月 24 日至 3 月 8 日,全国共调集 346 支国家医疗队、4.26 万名医务人员、900 多名公共卫生人员驰援湖北;紧急调集 4 万名建设者和几千台机械设备,分别仅用十多天时间就建成了有 1000 张病床的火神山医院、有 1600 张病床的雷神山医院和共有 1.4 万余张床位的 16 座方舱医院。湖北省共成功治愈 3000 余位 80 岁以上、7 位百岁以上患者,多位重症老年患者都是从死亡线上抢救回来,充分体现了对每一个生命的尊重和保护。

全力以赴救治患者,不遗漏每一个感染者,不放弃每一位病患者,及时出台救治费用保障政策,确保患者不因费用问题影响就医、医疗机构不因费用问题影响收治,最大程度提高了治愈率,降低了病亡率。坚持常态化精准防控和局部应急处置有机结合,不断巩固疫情防控成果。大力推进新冠疫苗接种,加快构筑免疫屏障。

2. 卫生健康服务公平可及

没有全民健康,就没有全面小康。中国把人民健康放在优先发展的战略位置,实施健康中国战略,推进健康中国行动,推行普惠高效的基本公共卫生服务,不断提升医疗卫生服务的公平性、可及性、便利性和可负担性。

公共卫生服务体系基本形成。全国医疗卫生机构(包含医院、基层医疗机构、专业公共卫生机构）由 1978 年的 17 万个大幅增长到 2020 年的 102.3 万个。包括疾病预防控制、健康教育、妇幼保健、精神卫生防治、应急救治、采供血、卫生监督等各种专业机构在内的公共卫生服务体系基本形成。公共卫生服务范围不断扩大。城乡居民免费享受的基本公共卫生服务项目由 2010 年的 9 类扩展到 2020 年的 12 类，项目内容覆盖居民生命的全过程。持续实施脑卒中、心血管疾病高危筛查、口腔疾病综合干预、癌症早诊早治等项目，慢性病防控效果显著增强。主要传染性疾病得到有效遏制。通过提升免疫规划疫苗接种率，中国在 2000 年消灭了脊髓灰质炎，在 2012 年消除了新生儿破伤风，在 2020 年消除了疟疾，2021 年被世界卫生组织认证为无疟疾国家。艾滋病整体疫情控制在低流行水平，结核病成功治疗率保持在 90% 以上。

医疗卫生服务体系不断健全。中国致力于建立优质高效的整合型医疗卫生服务体系，改善医疗卫生资源的可及性和便利性，提高医疗服务质量和效率，居民就医感受明显改善。2020 年，全国医疗卫生机构床位总数达 911 万张，其中医院 713 万张，乡镇卫生院 139 万张；卫生技术人员总数达 1066 万人，其中执业医师和执业助理医师 408 万人，注册护士 471 万人;全年总诊疗人次 78.2 亿人次,孕产妇产前检查率达 96.8%,住院分娩率为 99.9%。合理配置医疗资源,构建"基层首诊、双向转诊、急慢分治、上下联动"的分级诊疗服务体系。取消以药补医机制,建立基本药物制度,各级各类公立医疗机构全面配备优先使用基本药物,实行零差率销售。

人民健康指标稳步改善。居民主要健康指标总体上优于中高收入国家平均水平。中国人均预期寿命从 1981 年的 67.8 岁增长到 2019 年的 77.3 岁。婴儿死亡率从改革开放初期的 37.6‰ 下降到 2020 年的 5.4‰。孕产妇死亡率从 2002 年的 43.2/10 万下降到 2020 年的 16.9/10 万,被世界卫生组织誉为"发展中国家的典范""妇幼健康高绩效国家"。基本医疗卫生与健康促进法通过并实施,为全方位全周期维护人民健康、实施健康中国战略提供法治保障。随着经济社会的发展,国家不断引导居民形成健康的生活方式。城乡居民在工作之余锻炼身体、关注饮食健康已经成为普遍的社会风气。

3. 生活质量显著提高

居民收入水平持续提升。中国经济长期持续稳定增长,人均国内生产总值从 1978 年的 385 元增至 2020 年的 72000 元。2020 年,全国居民人均可支配收入达到 32189 元。居民消费结构日益优化。2020 年全国居民恩格尔系数为 30.2%,比 1978 年降低 33.7 个百分点。基本居住条件显著改善。城镇居民人均住房建筑面积从 1978 年的 4.2 平方米增长到 2019 年的 39.8 平方米;农村居民人均住房建筑面积从 1978 年的 8.1 平方米增长到 2019 年的 48.9 平方米。城市人均公园绿地面积从 1981 年的 1.5 平方米增长到 2019 年的 14.36 平方米。实施城镇保障性安居工程,帮助约 2 亿困难群众改善了住房条件。交通基础网络日益完善,人民出行更加安全便利。截至 2020 年,全国铁路运营里程达 14.6 万公里,其中高速铁路运营里程 3.8 万公里。公路总里程达 519.81 万公里,其中高速公路里程 16.1 万公里。城市轨道交通运营里程达 7354.7 公里。信息化生活品质大幅提升。中国政府大力实施新型基础设施建设,让人民群众享受更多的信息化发展成果。2020 年,全国移动电话普及率达 113.9 部/百人;互联网普及率达 70.4%,其中农村地区互联网普及率为 55.9%。截至 2021 年 6 月,全国已建设开通 5G 基站 84.7 万个。互联网在线购物等消费新业态蓬勃发展。2020 年,全国网络购物用户规模达 7.82 亿, 占网民整体的 79.1%; 全国网络零售额 11.76 万亿元, 比 2019 年增长 10.9%。

4. 就业更加充分

中国政府坚持实施就业优先战略和积极的就业政策, 推动"大众创业、万众创新", 突出强调"要优先稳就业保民生", 致力实现充分就业、体面就业、和谐就业的美好愿景。建立起覆盖省、市、县、街道(乡镇)、社区(村)的五级公共就业服务网络体系。截至 2020 年, 全国共有人力资源服务机构 4.58 万家, 全年为 2.9 亿人次劳动者提供了就业、择业和流动服务; 全国就业人数为 75064 万人, 其中城镇就业人数为 46271 万人。2019 年, 中国城镇新增就业 1352 万人, 连续 7 年保持在 1300 万人以上。在新冠肺炎疫情带来的不利影响下, 2020 年中国城镇新增就业仍达到 1186 万人。民营企业提供了 80% 以上城镇就业岗位。新产业新业态新模式不断涌现, 创造了大量兼职就业、灵活就业岗位。劳动者工资收入快速增长, 城镇非私营单位就业人员年均工资从 1978 年的 615 元增加到 2019 年的 90501 元。

5. 公共文化服务不断优化

经过 40 多年的发展,覆盖城乡的公共文化服务体系不断完善,文艺创作持续繁荣,文化体育事业蓬勃发展。2020年,全国共有公共图书馆 3212 个,博物馆 5788 家,文化馆 3321 个,乡镇综合文化站 32825 个,村级综合性文化服务中心 575384 个。全年出版各类报纸 277 亿份,各类期刊 20 亿册,图书 101 亿册(张),人均图书拥有量达 7.24 册(张)。全国广播节目综合人口覆盖率为 99.4%,电视节目综合人口覆盖率为 99.6%。全年生产电视剧 202 部 7476 集,电视动画片 116688 分钟,故事影片 531 部,科教、纪录、动画和特种影片 119 部。实施广播电视户户通工程、农村电影放映工程、农家书屋工程等文化惠民工程,促进基本公共文化服务标准化、均等化,保障人民群众基本文化权益。公共数字文化工程累计建设可供全国共享的数字资源约 1274TB,数字图书馆推广工程已覆盖全国 39 家省级图书馆、376 家市级图书馆,服务辐射 2760 个县级图书馆。建设完善公共体育场、全民健身中心、体育公园、健身步道、足球场、多功能健身场地等多种类型的全民健身场地设施,倡导全民健身。2020 年,全国共有体育场地 371.3 万个,体育场地面积

31 亿平方米,人均体育场地面积 2.2 平方米,行政村"农民体育健身工程"基本实现全覆盖,经常参加体育锻炼人数比例达 37.2%。

6.受教育权利得到更好保障

中国坚持教育公益性原则,把教育公平作为国家基本教育政策,受教育权保障水平显著提升。全国学前三年毛入园率从 2010 年的 56.6% 提高到 2020 年的 85.2%,实现了学前教育基本普及。2020 年,全国九年义务教育巩固率为 95.2%,义务教育普及程度达到世界高收入国家的平均水平。残疾儿童义务教育入学率达 95% 以上。建立覆盖从学前教育到研究生教育的全学段学生资助政策体系,不让一个孩子因家庭经济困难而辍学的目标基本实现。倾斜支持农村教育、中西部地区教育,全国 96.8% 的县实现义务教育基本均衡发展,更多农村和中西部地区孩子享受到更好更公平的教育。全国高中阶段教育毛入学率从 2000 年的 42.8% 提高到 2020 年的 91.2%,超过中等偏上收入国家平均水平;高等教育毛入学率从 2000 年的 12.5% 提高到 2020 年的 54.4%,高等教育在学总规模超过 4000 万人,建成世界上最大规模的高等教育体系。

7. 社会保障体系覆盖全民

社会保障是保障和改善民生、维护社会公平、增进人民福祉的基本制度保障。2020年,全国参加职工基本医疗保险人数3.4亿人,参加城乡居民基本医疗保险人数10.2亿人,参保总人数超过13.6亿人;参加生育保险人数23567万人。截至2021年6月,全国参加城镇职工基本养老保险人数46709万人,参加城乡居民基本养老保险人数54735万人;参加失业保险人数22229万人;参加工伤保险人数27399万人,其中参加工伤保险的农民工9082万人;参加生育保险人数23546万人。国家还通过城乡居民大病保险等补充保险,在基本医保制度之外对大病患者高额医疗费用予以保障。构筑以最低生活保障、特困人员救助供养、受灾人员救助、医疗救助、教育救助、住房救助、就业救助、临时救助等为主体,社会力量参与为补充,应救尽救的综合性社会救助体系。截至2020年,全国共有805万人获得城市最低生活保障,3621万人获得农村最低生活保障,31万人获得城市特困人员救助供养,447万人获得农村特困人员救助供养,全年临时救助1341万人次,全国共实施医疗救助18608万人次,支出资金546.8亿元。为保障受疫情影响困难群众基本生活,2020 年为困难群众发放价格临时补贴资金 218 亿元,惠及 4 亿人次;受疫情影响,困难群众有 244 万人新纳入低保,有 254 万人次获得临时救助。

8. 生态环境持续改善

良好生态环境是最普惠的民生福祉。中共十八大以来,将生态文明建设纳入国家发展"五位一体"总体布局,倡导"绿水青山就是金山银山"绿色发展理念,严守生态保护红线,坚决打好污染防治攻坚战,推进美丽中国建设,切实保护公民环境权利。坚决打赢蓝天保卫战,空气更加清新。2020 年,全国万元国内生产总值二氧化碳排放较 2005 年下降 48.4%,提前完成比 2005 年下降 40% 至 45% 的碳排放目标。天然气、水电、核电、风电等清洁能源消费量占能源消费总量比重从 2016 年的 19.1% 上升到 2020 年的 24.3%(初步核算数)。全国 337 个地级及以上城市中,2020 年空气质量达标的城市占 59.9%。着力打好碧水保卫战,水质持续优化。2020 年,1940 个国家地表水考核断面中,水质优良(Ⅰ—Ⅲ类)断面比例为 83.4%,比 2019 年上升 8.5 个百分点;劣 Ⅴ 类断面比例为 0.6%,比 2019 年下降 2.8 个百分点;全国近岸海域优良(一、二类)水质比例为 77.4%,比 2019 年上升 0.8 个百分点;劣四类水质比例为 9.4%,比 2019 年下降 2.3 个百分点。扎实推进净土保卫战,土壤环境风险得到有效管控。制定土壤污染防治法,实施土壤污染防治行动计划。以农用地和重点行业企业用地为重点,开展土壤污染状况详查。2014 年至 2019 年,全国依法依规关停涉重金属行业企业 3500 余家,实施金属减排工程 850 多个。开展农用地土壤环境质量类别划分、治理修复等工作,农用地土壤环境状况总体稳定。全面禁止洋垃圾入境,基本实现固体废物零进口。人居环境不断改善。2020 年,全国农村卫生厕所普及率超过 68%,生活垃圾进行收运处理的行政村比例超过 90%,全国农村生活污水治理率达 25.5%;46 个重点城市生活垃圾分类覆盖居民 8300 万户,居民小区覆盖率 94.6%,地级及以上城市建成区黑臭水体消除比例超过 90%。实施最严格的生态保护。截至 2020 年,全国共建立自然保护地近万处,保护面积覆盖陆域国土面积的 18%,约 90% 的陆地生态系统类型和 85% 的重点野生动物种群得到有效保护。全国森林覆盖率由 20 世纪 70 年代初的 12.7% 提高到 2020 年的 23.04%。在全球森林面积持续净损失达 1.78 亿公顷的不利形势下,中国森林面积近十年年净增约 249.9 万公顷,居全球第一。

2012 年至 2021 年 6 月,累计完成防沙治沙任务面积超过 1900 万公顷,封禁保护面积达到 177.2 万公顷。中国率先实现了荒漠化土地零增长,为实现《联合国 2030 年可持续发展议程》提出的 2030 年全球退化土地零增长目标作出重要贡献。

9. 人类发展指数大幅提升

根据联合国开发计划署发布的"人类发展报告",1990 年中国还处于低人类发展水平组,1996 年便进入了中等人类发展水平组,2011 年又步入高人类发展水平组。中国的人类发展指数从 1990 年的 0.499 增长到 2019 年的 0.761,是自 1990 年联合国开发计划署在全球首次测算人类发展指数以来,唯一从低人类发展水平组跨越到高人类发展水平组的国家。

四、实行良法善治维护公民权利政治权利

在全面建成小康社会进程中,中国共产党和中国政府践行以人民为中心的发展思想,以更大的力度、更实的措施发展全过程人民民主,维护社会公平正义,确保人民依法享有更加广泛、更加充分、更加真实的权利和自由。

1.拓展人民民主权利

坚持人民主体地位,发展完善人民代表大会制度以及中国共产党领导的多党合作和政治协商制度、基层群众自治制度,丰富民主形式,拓宽民主渠道,人民民主权利得到切实保障。

民主选举有序发展。城乡按相同人口比例选举人大代表,保证各地区、各民族、各方面都有适当数量的代表。县级及以下人大代表实行直接选举,强调保障人民选举权和被选举权,确保选举工作风清气正、选举结果人民满意。

2016 年开始的县乡两级人民代表大会换届选举中，登记选民 10 亿多人，直接选举产生近 248 万名县乡两级人大代表。全国共有五级人大代表 262 万多名。

社会主义协商民主稳步健全。推动协商民主广泛多层制度化发展，不断规范协商内容、协商程序，以事关经济社会发展全局和涉及群众切身利益的实际问题为内容，开展广泛协商。发挥人民政协作为社会主义协商民主的重要渠道和专门协商机构作用，推动协商履职成果更好运用。2012 年 1 月至 2021 年 6 月，全国政协共收到 58768 件提案，48496 件立案，大多数提案的建议得到采纳和落实。

基层群众自治不断完善。修订城市居民委员会组织法、村民委员会组织法，进一步完善和规范居委会、村委会成员的选举和罢免程序。全国农村已普遍开展 10 轮以上村委会换届选举，98％以上的村委会依法实行直接选举，村民参选率达 95％。拓展流动人口有序参与居住地社区治理渠道。在脱贫攻坚中，特别注重健全村民自治机制，凡是涉及脱贫攻坚惠民政策的落实、惠民资金的分配使用、民生工程项目的建设，都广泛开展议事协商，凝聚群众共识，取得群众支持。以职工代表大会为基本形式的企事业单位民主管理制度不断健全，目前全国已有 29 个省（区、市）制定了

36 个有关企业民主管理的地方性法规,保障职工参与管理和监督的民主权利,维护职工合法权益。

知情权、参与权、表达权、监督权得到切实保障。实行审计结果公告制度,制定修改政府信息公开条例,提升政府信息公开水平,保障公民知情权。"互联网+政务服务"服务能力持续提升。通过推行"一网通办",全国一半以上行政许可事项办理时限缩短40%以上,省级行政许可事项网上受理和"最多跑一次"比例超过82%,50 个高频服务事项和 200 个便民服务实现"跨省通办"。根据《2020 年联合国电子政务调查报告》,中国电子政务服务的在线服务指数与电子参与水平均列全球第 9 位,进入领先行列。推进民主立法,完善立法座谈论证、法律草案公开征求意见等制度,使每一项立法反映人民意志。截至 2020 年,十三届全国人大常委会已就 87 件次法律草案公开征求意见。不断健全依法决策机制,将公众参与、专家论证、风险评估、合法性审查、集体讨论确定为重大行政决策的法定程序,提高决策民主化水平。完善公开透明、高效便捷的诉求表达渠道,实行网上受理信访制度,广泛汇集社情民意,依法及时就地解决公民合理诉求,保障公民有序参与公共事务管理,监督国家机关依法行使职权。2018 年至 2020 年,十三届全国人大常委会共听取和审议"一府一委两院"工作报告 52 个，共对 19 部法律和决定的实施情况进行检查，围绕"十四五"规划纲要编制、精准脱贫、污染防治、社会保险制度改革等内容开展 18 次专题调研，开展 8 次专题询问。把握政协民主监督性质定位，加强和改进政协民主监督工作，突出政协民主监督重点、丰富政协民主监督方式，不断完善民主监督的组织领导、权益保障、知情反馈和沟通协调机制，寓监督于协商之中，更好发挥协商式监督优势作用。推进监察体制改革，依法全方位加强对所有行使公权力的公职人员的监督。不断完善人民陪审员、人民监督员制度，保障公民参与司法、监督司法的权利。

2. 保障人身权利

尊重人格尊严和价值，依法保护公民的人身权利和自由。

公民人身自由得到尊重和保护。非由法律规定、非经法定程序不得剥夺、限制公民人身自由。十二届全国人大常委会 2013 年通过关于废止有关劳动教养法律规定的决定，十三届全国人大常委会 2019 年通过关于废止有关收容教育法律规定和制度的决定，国务院 2020 年废止《卖淫嫖娼人员收容教育办法》,废除劳动教养和收容教育制度,彰显国家尊重和保障人权的宪法精神及依法保障公民人身自由的人权理念。

人员流动更加便利。不断推进户籍制度改革,实行城乡统一的户口登记制度,促进有能力在城镇稳定就业的常住人口有序实现市民化,更好保障人民公平享有民生权利。2020 年,全国户籍人口城镇化率达到 45.4%,比 2012 年提高 10.1 个百分点。2010 年以来,共为 1500 余万无户口人员办理了落户,基本解决全国无户口人员登记户口问题。

严格依法保护个人信息安全和隐私。颁布实施民法典,加强人格权保护。加强数据安全和个人信息安全保护,加大对侵犯公民个人信息行为的打击力度。2016 年以来,通过开展专项行动依法办理一批涉嫌侵犯公民个人信息的案事件,泄露公民个人信息案事件得到有效遏制。2019 年在全国范围开展 App 违法违规收集使用个人信息保护专项治理工作,重点治理无隐私政策、捆绑授权和强制索权、未经同意收集使用个人信息等突出问题,App 隐私政策透明度大幅提升。2021 年 3 月,国家网信办等四部门联合发布《常见类型移动互联网应用程序必要个人信息范围规定》,明确 39 类常见类型移动应用程序必要个人信息范围。

2021 年 5 月至 7 月，相关部门共组织对 12 种常见类型、用户下载量大的 1035 款 App 开展专项检测评估，对存在严重违法违规问题的 351 款 App 进行公开通报，对未在规定时限内整改的 52 款 App 依法依规采取下架处罚措施，违法违规收集使用个人信息行为逐步减少。依法严厉打击电信网络诈骗违法犯罪，严惩侵犯公民个人信息犯罪，加大个人隐私保护力度。2017 年至 2020 年，全国各级人民法院一审审结侵犯公民个人信息的刑事案件数量分别为 1393 件、2315 件、2627 件、2558 件，一审审结隐私权纠纷案件数量分别为 273 件、292 件、331 件、395 件。依法审理手机应用擅自读取用户通讯录信息、网络信用平台滥用个人征信数据等案件，准确适用"通知—删除"规则，对散发诽谤他人言论的网络平台，根据受害人请求责令删除相关信息。2019 年至 2020 年，全国各级人民法院一审审结网络侵权责任纠纷案件分别为 4059 件、4058 件。检察机关将个人信息保护作为拓展公益诉讼案件范围的新领域重点部署推进，加强对公民个人信息保护。

切实保障被羁押人和罪犯的合法权益。规范强制措施，减少羁押性强制措施的适用，实行看守所在押人员入所权利义务告知制度，建立在押人员投诉调查处理机制。完善相关法律制度,保障被羁押人的人格尊严及律师会见、申诉、医疗等合法权利。深化狱务公开,强化检察监督和执法监督,保障罪犯合法权利不受侵犯。实行人文关怀,开展罪犯离监探亲活动。制定实施社区矫正法,坚持依法管理与尊重保障人权相统一,监督管理与教育帮扶相统一,对符合条件的社区矫正对象落实最低生活保障,提供临时救助和社会保险、就业就学等政策,依法保障社区矫正对象的合法权益。截至2020年,已累计接收社区矫正对象537万人,累计解除矫正473万人,在册社区矫正对象64万人,社区矫正对象在矫正期间再犯罪率一直处于0.2%的较低水平。健全完善刑满释放人员救助管理制度,落实社会救助和就业安置措施,促进刑满释放人员顺利融入社会。

3. 保障个人财产权

健全以公平为核心原则的产权保护制度。清理有违公平的法律法规条款,加强对各种所有制经济组织和自然人财产权的保护,鼓励、支持和引导非公有制经济发展,保证各种所有制经济依法平等使用生产要素、公平参与市场竞争、同等受到法律保护。宪法规定公民的合法私有财产不受侵犯,国家依照法律规定保护公民的私有财产权和继承权。民法典明确规定对所有财产权平等保护,强化对个人信息、数据和网络虚拟财产等的保护,完善了权利保护和救济规则,形成有效的权利保护机制,公民财产权法治保障水平不断提升。

为优化营商环境提供法治保障。毫不动摇地坚持鼓励、支持、引导非公有制经济发展的一系列方针政策,依法打击侵犯民营企业及经营者合法权益的犯罪,依法保护民营企业自主经营权,以及企业经营者人身、财产安全。坚持刑法的谦抑性,严格规范涉及民营企业的执法司法行为,坚决禁止刑事执法介入经济纠纷,依法准确适用强制措施,最大限度减少对企业正常生产经营活动的影响。最高人民法院、最高人民检察院先后发布一系列涉及民营企业司法保护指导性案例和典型案例,指导各级司法机关依法办案。

加大知识产权保护力度。加强知识产权保护和运用,健全技术创新激励机制。完善体现知识产权价值的侵权损害赔偿制度,进一步彰显激励和保护创新的鲜明态度,净化市场竞争环境,促进创新发展。在北京、上海、广州设立知识产权法院,通过审理重大典型案件,确立裁判规则,统一裁判标准,加大对知识产权侵权行为的惩治力度,着力解决侵权成本低、维权成本高等问题。最高人民检察院设立知识产权检察办公室,统一指导履行知识产权刑事、民事、行政检察职能,构建知识产权全方位综合性司法保护机制。加强国际知识产权执法司法对话、交流与合作,推动构建更加公平合理的知识产权国际规则。

4. 加强人权司法保障

深化司法体制改革,全面落实司法责任制,完善律师执业权利保障制度,加强对司法活动的监督,维护人民权益,努力让人民群众在每一个司法案件中都感受到公平正义。

稳步推进司法体制改革。2014 年中共十八届四中全会通过《中共中央关于全面推进依法治国若干重大问题的决定》,全方位改革司法体制,保证公正司法,提高司法公信力。全面落实司法责任制改革,健全有序放权、科学配权、规范用权、严格限权的司法管理体制和司法权力运行体系。优化司法职权配置,深化以审判为中心的刑事诉讼制度改革,强化检察机关法律监督职能,充分发挥诉讼程序制约作用,完善执法司法权力运行程序、行使方式、责任要求,健全执法司法机关之间工作衔接机制,健全公安机关、检察机关、审判机关、司法行政机关分工负责、各司其职,侦查权、检察权、审判权、执行权相互配合、相互制约的体制机制,构建各尽其职、配合有力、制约有效的工作体系。

健全司法人员依法履职保护机制。建立健全领导干部干预司法活动、插手具体案件处理和司法机关内部人员过问案件的记录通报和责任追究制度,保障司法机关和司法人员依法办理案件不受行政机关、社会团体和个人的干涉。规范司法人员考评考核和责任追究、惩戒办法,明确法官、检察官依法履行法定职责的行为不受法律追究,非因故意违反法律、法规或者有重大过失导致裁判结果错误并造成严重后果的,不承担错案责任;非因法定事由、非经法定程序,不得将法官、检察官调离、免职、辞退或者作出降级、撤职等处分。建立健全司法人员受到侵害救济保障机制和不实举报澄清机制,坚决打击侵害司法人员合法权益的行为,推动形成尊重司法裁判、维护司法权威的社会氛围。完善抚恤优待办法,为法官、检察官的人身、财产等权益提供与其职业风险相匹配的保障。

坚决纠正和防范冤错案件。建立健全错案发现、纠正、防范和责任追究机制,坚持程序公正和实体公正相统一,坚持严格公正司法,坚持罪刑法定、无罪推定、证据裁判,严禁刑讯逼供、体罚虐待,严格实行非法证据排除规则,坚持实事求是、有错必纠,落实国家赔偿制度,加强人权司法保障。

2019 年至 2020 年,全国各级人民法院分别按照审判监督程序再审改判刑事案件 1774 件、1818 件;依法宣告 637 名、656 名公诉案件被告人和 751 名、384 名自诉案件被告人无罪;审结国家赔偿案件 18164 件、18433 件,保障赔偿请求人合法权益。2020 年 1 月至 2021 年 6 月,各级检察机关通过审判监督程序提出刑事抗诉 1325 件,同期法院改判 685 件、发回重审 134 件;提出刑事再审检察建议 616 件,同期法院改判 214 件、发回重审 6 件。"张氏叔侄强奸杀人案""于英生杀妻案""陈满故意杀人案"等一批重大冤错案件得到依法纠正。

加强对执业律师权利的保障。完善律师执业权利保护制度,印发《关于依法保障律师执业权利的规定》等文件,对保障律师会见、阅卷、调查取证以及庭审中的发问、质证、辩论辩护等各项诉讼权利作出全面规定,健全完善了律师执业权利救济机制和责任追究机制。最高人民法院、最高人民检察院、公安部、国家安全部、司法部和全国律协建立了维护律师执业权利快速联动处置机制,畅通律师维权通道,确保律师权利被侵犯后能够得到及时有效救济。全国律协、省级和设区的市级律师协会全部设立维护律师执业权利中心,专门负责维护律师执业权利工作。最高人民检察院开展保障律师执业权利专项监督活动,监督纠正执法司法机关阻碍律师依法行使诉讼权利问题,保障诉讼活动顺利进行。截至2020年,全国共有律师事务所3.4万多家,律师52.2万多人。

全面推进阳光司法。深入推进审判公开、检务公开、警务公开和狱务公开,依法及时公开执法司法依据、程序、流程、结果和生效法律文书。推进智慧司法建设,执法司法信息化水平不断提升,保障当事人获得更为高效便捷诉讼服务。截至2020年,全国98%的法院建成了信息化程度较高的诉讼服务体系,为当事人提供全方位的诉讼服务;98%的法院开通诉讼服务网,为当事人、律师提供网上预约立案、案件查询、卷宗查阅、电子送达等服务。全国检察机关自2014年10月1日部署应用案件信息公开系统以来,截至2021年6月30日,"案件信息公开网"已导出案件程序性信息15023598件、发布重要案件信息1142802件、公开法律文书6597917件,接受辩护与代理网上预约558872人次。2019年,"案件信息公开网"统一并入"12309中国检察网",网上服务进一步优化升级,检察机关案件信息公开进入信息化、常态化、规范化的快速发展轨道。

完善法律援助制度。发布实施《法律援助值班律师工作办法》,在法院、看守所普遍设立法律援助工作站。加强刑事法律援助,落实刑事诉讼法及相关配套法规制度关于法律援助范围的规定,积极开展刑事案件律师辩护全覆盖试点工作。扩大民事、行政法律援助覆盖面,与民生紧密相关的事项逐步纳入法律援助补充事项范围。聚焦打赢脱贫攻坚战,以法治扶贫为切入点,扩充法律援助事项、扩大法律援助范围,惠及更多困难群众。提升法律援助服务质量,发布并落实全国刑事、民事和行政法律援助服务规范,制定法律援助案件质量评估标准。2020 年,全国组织办理法律援助案件近 140 万件,受援人达 216 万余次,提供法律咨询 1466 余万人次;值班律师提供法律援助(不含法律咨询)74 万余件,其中参与认罪认罚从宽案件 68 万余件。截至 2020 年,在全国乡镇(街道)司法所及仲裁、法院、信访等矛盾纠纷相对集中的部门设立法律援助工作站 7 万余个,方便群众就近获得法律援助服务。

5.保障宗教信仰自由

宪法规定公民有宗教信仰自由。中国政府支持各宗教坚持独立自主自办的原则,在法律范围内进行各种宗教活动;依法对涉及国家利益和社会公共利益的宗教事务进行管理,不干涉各宗教内部事务,宗教工作法治化水平不断提高。2017 年修订《宗教事务条例》,贯彻实施《中华人民共和国境内外国人宗教活动管理规定》,依法保障中国公民及境内外国人的宗教信仰自由。依法打击宗教极端主义以及打着宗教活动名义开展的"邪教"活动。中国现有依法登记的宗教活动场所 14.4 万处,宗教院校 92 所,信仰佛教、道教、伊斯兰教、天主教和基督教等宗教的公民近 2 亿人,宗教教职人员 38 万余人。不断加大宗教教职人员社会保障力度,宗教教职人员医疗保险参保率达 96.5%,养老保险参保率达 89.6%,基本实现了宗教教职人员社保体系全覆盖。公民的宗教信仰自由得到充分保障,呈现出宗教和顺、社会和谐的良好局面。

五、促进社会公平保障
特定群体权益

全面建成小康社会，一个也不能少。中国切实维护和促进农民权益，高度重视对妇女、儿童、老年人、残疾人及少数民族等特定群体权益的保障，使他们享有均等机会，以平等身份充分参与经济政治文化社会生活，共享发展成果。

1.农民权益保障全方位改善

土地制度改革极大增进农民财产性权利。改革开放后实施家庭联产承包责任制，解决了农民的温饱问题；全面取消农业税费，减轻了农民负担。中共十八大以来，稳定农村土地承包关系并保持长久不变，实施农村集体土地所有权、承包权、经营权"三权分置"，赋予农民对承包地占有、使用、收益、流转及经营权融资担保权能，保障农户宅基地用益物权，增加农民财产性收入，赋予农民更多财产权利。截至2020年，31个省（区、市）均开展了承包地确权工作，承包地确权面积达 15 亿亩,完善土地承包合同 2 亿份,颁发土地承包经营权证书 2 亿份。

农民工生活条件不断改善。2012 年至 2020 年,全国农民工人均月收入从 2290 元上升到 4072 元。进城农民工居住环境明显改善,人均居住面积达到 21.5 平方米,住房中有洗澡设施的占 85.4%,能上网的占 94.8%,拥有电冰箱、洗衣机、汽车(包括经营用车)的比重分别为 67%、68.1%、30.8%。

关爱农村留守人员。随着返乡创业就业、就业扶贫、随迁子女就地入学等工作的持续开展,全国农村留守儿童数量从 2016 年的 902 万名下降到 2020 年的 643.6 万名。印发《关于进一步健全农村留守儿童和困境儿童关爱服务体系的意见》《关于劳动密集型企业进一步加强农村留守儿童和困境儿童关爱服务工作的指导意见》等政策文件,完善农村留守儿童关爱工作顶层设计。印发《关于加强农村留守妇女关爱服务工作的意见》,结合各地实际,面向有困难、有需求的农村留守妇女提供相应关爱服务。印发《关于加强农村留守老年人关爱服务工作的意见》,农村留守老年人关爱服务政策已实现省级层面全覆盖,有力保障了特殊困难老年人基本生活。

农村人居环境极大改善。推进农村生活垃圾治理,扎实开展农村厕所革命,梯次推进农村生活污水治理,提升村容村貌。截至 2020 年,全国 95% 以上村庄开展了清洁行动。2019 年至 2020 年,累计安排 144 亿元中央财政资金实施农村厕所革命整村推进奖补政策,安排中央预算内投资 60 亿元支持中西部省份以县为单位开展农村人居环境整治项目建设。中央财政对农村人居环境整治成效明显的 39 个县给予激励支持。

2.妇女儿童老年人权益保障持续加强

法律政策体系日臻完善。中国于 20 世纪 90 年代先后制定未成年人保护法、妇女权益保障法、老年人权益保障法,并对三项法律进行多次修改完善。制定母婴保健法、反家庭暴力法、预防未成年人犯罪法等法律,颁布《女职工劳动保护特别规定》《禁止使用童工规定》《校车安全管理条例》《未成年工特殊保护规定》等行政法规及部门规章,为保障妇女儿童老年人权益奠定了法律基础。印发《关于建立健全法规政策性别平等评估机制的意见》,切实从法规、规章、政策的源头上贯彻男女平等基本国策,促进妇女全面发展。2020 年颁布民法典,增设居住权,明确夫妻共同债务的范围,增加防止和制止性骚扰等条款,进一步提高了妇女儿童老年人等群体的保护水平。中国政府先后制定实施三个周期的中国妇女发展纲要、中国儿童发展纲要和五个老龄事业发展纲要(规划)。

妇女经济社会参与能力不断提升。全国15岁及以上女性文盲率由1979年的20.5%降至2017年的7.3%,普通高等学校本专科在校女生占在校生总数的比例由1978年的24.1%提高到2019年的51.7%。全国女性就业人数占全社会就业人数的比重超过四成。2018年修订的农村土地承包法明确规定,农村土地承包,妇女与男子享有平等的权利。2018年十三届全国人大代表中有742名妇女代表,占比24.9%,比1983年第六届全国人大提高了3.7个百分点;十三届全国政协委员中有440名女性委员,占比20.4%,比1983年第六届全国政协提高了7.6个百分点。

妇女儿童健康保障水平进一步提高。2020年,全国孕产妇产前检查率为97.4%,住院分娩率为99.9%。实施农村妇女宫颈癌和乳腺癌免费检查项目,将宫颈癌和乳腺癌纳入国家大病救治范围。实施贫困地区儿童营养改善项目,截至2020年,累计1120万儿童从项目中受益。5岁以下儿童死亡率从1991年的61‰下降至2020年的7.5‰。

儿童得到特别关爱和特殊保护。2020年,全国有儿童社区服务中心2.9万个,社区服务站24.9万个,城乡社区家长学校36万个,城乡社区儿童之家32万余个。全国乡镇一级配备儿童督导员5.6万名,村一级配备儿童主任67.5万名,基层儿童工作队伍建设和儿童关爱服务水平不断提高。进一步加强对孤儿、残疾儿童、农村留守儿童、困境儿童等特殊群体的关爱保护。加大孤儿保障力度。2019年,中央专项资金对孤儿基本生活补助标准提高50%,东、中、西部分别补助300元/月、450元/月和600元/月。截至2020年,全国儿童福利机构集中养育孤儿6万名,基本生活保障月平均标准达1611.3元/人;社会散居孤儿13.4万名,基本社会保障月平均标准达1184.3元/人。印发《关于进一步加强事实无人抚养儿童保障工作的意见》,将事实无人抚养儿童全面纳入制度保障范围。截至2020年,全国共有25.4万名事实无人抚养儿童纳入保障范围,全国平均保障标准达每人每月1184.3元。坚持对侵害未成年人犯罪"零容忍"。2017年至2020年,各级检察机关共批准逮捕侵害未成年人犯罪16.02万人,起诉21.85万人。在司法程序中充分保障未成年被害人的合法权利,推行具备取证、心理疏导、司法救助等功能的"一站式"询问、救助机制,截至 2020 年,全国共建成"一站式"询问、救助办案区 1029 个。加强未成年被害人多元综合救助,2019 年共向 4306 名未成年被害人及其家庭等发放救助金 6200 余万元。

老年人生活和权益保障状况持续改善。中国大力发展养老服务,逐步建立居家社区机构相协调、医养康养相结合的养老服务体系,大力开展农村留守老年人关爱服务,推进老年人家庭适老化改造和老年宜居环境建设,将赡养老人支出纳入个人所得税抵扣范围,努力让老年人老有所养、老有所依、老有所乐、老有所安。2020 年,国家将 1834 万困难老年人及时纳入最低生活保障范围,388 万老年人纳入特困人员救助供养范围。经济困难的高龄失能等老年人补贴制度实现省级全覆盖。截至 2020 年,全国享受高龄津贴、护理补贴、服务补贴的老年人分别为 3058.9 万、81 万和 23.5 万。截至 2020 年,全国建成各类养老机构 3.8 万个,社区养老服务机构和设施有 28 万个,养老床位合计 823.8 万张。国务院办公厅印发文件,强调坚持传统服务方式与智能化服务创新并行,切实解决老年人在运用智能技术方面遇到的困难。

3. 少数民族权益保障进一步完善

少数民族参与国家事务管理权利得到有效保障。严格落实宪法法律关于民族自治地方的自治机关领导人员中配备少数民族领导干部的规定,以及关于少数民族人大代表选举的规定。选举法明确规定,人口特少的民族,至少应有全国人大代表一人。55 个少数民族均有本民族的全国人大代表和全国政协委员。十三届全国人大代表中,少数民族代表 438 名,占 14.7%。

少数民族和民族地区生活水平大幅提升。国家制定专项规划,实施西部大开发、兴边富民行动、对口支援以及扶持人口较少民族发展、少数民族特色村镇保护与发展等一系列政策措施,促进民族地区经济快速发展。内蒙古、广西、西藏、宁夏、新疆五个自治区和贵州、云南、青海三个多民族省份 2018 年至 2020 年的总体经济增长幅度超过全国平均增长水平,居民人均可支配收入从 1978 年的 150 多元增长到 2020 年的 24534 元。

少数民族和民族地区教育事业快速发展。中国通过发展民族地区各级各类学校,举办预科班、民族班,在广大农牧区推行寄宿制教育,着力办好民族地区高等教育等举措,促进教育公平,保障少数民族受教育权利。民族地区已全面普及从小学到初中9年义务教育,西藏自治区和新疆维吾尔自治区的南疆阿克苏地区、克孜勒苏柯尔克孜自治州、喀什地区、和田地区四地州实现了从学前到高中阶段15年免费教育。

少数民族文化事业蓬勃发展。在民族地区推广普及国家通用语言文字,依法保障各民族使用和发展自己的语言文字的自由,促进民族团结和社会和谐。截至2020年,民族自治地方共设置广播电台、电视台、广播电视台等播出机构729个。全国各级播出机构共开办民族语电视频道279套,民族语广播188套。元上都遗址、土司遗址、红河哈尼梯田文化景观、拉萨布达拉宫历史建筑群(含罗布林卡和大昭寺)、"丝绸之路:长安—天山廊道的路网"等列入世界文化遗产名录。中国入选联合国教科文组织人类非物质文化遗产名录(名册)的42项非物质文化遗产中,少数民族项目有15项,占37.5%。在少数民族地区设立了11个国家级文化生态保护(实验)区。全国25个省(区、市)已建立民族古籍整理与研究机构,截至2020年,抢救、整理散藏民间的少数民族古籍约百万种(不含馆藏及寺院藏书),包括很多珍贵的孤本和善本。组织实施《中国少数民族古籍总目提要》编纂工程,全部完成后将收录书目约 30 万种。

民族地区人民生活安宁祥和。在统一多民族的中国,不断铸牢中华民族共同体意识,坚持共同团结奋斗、共同繁荣发展,各民族共建美好家园,共创美好未来。在各族人民群众共同支持下,国家依法打击民族分裂势力、宗教极端势力、暴力恐怖势力,维护民族团结和社会稳定,人民的生活安宁权、生命健康权、财产权等得到有效保障,获得感、幸福感、安全感不断提升。

4. 残疾人权益保障更加有力

残疾人社会保障体系不断完善。全面建立困难残疾人生活补贴和重度残疾人护理补贴制度。截至 2020 年,享受困难残疾人生活补贴人数有 1212.6 万人,享受重度残疾人护理补贴人数有 1473.8 万人。截至 2020 年,共有 2699.2 万残疾人参加城乡居民社会养老保险,其中 1140.5 万残疾人领取养老金;1076.8 万残疾人获得城乡最低生活保障,其中重度残疾人 641.4 万人;680.1 万重度残疾人中政府代缴养老保险费比例达到 96.7%;另有 303.7 万非重度残疾人享受全额或部分代缴养老保险费的优惠政策。

残疾人康复服务普惠可及。残疾人康复服务纳入基本公共服务规划,建立残疾儿童康复救助制度,实施残疾人精准康复服务行动,发展精神障碍社区康复服务,推进康复辅助器具产业发展,为残疾儿童和持证残疾人提供基本康复服务和产品。2020年,1077.7万名残疾儿童及持证残疾人得到基本康复服务,242.6万名残疾人得到各类辅助器具适配服务。自2018年建立实施残疾儿童康复救助制度以来,全国接受康复救助的残疾儿童达67.6万人次。残疾预防工作取得积极成效。2017年国务院批准将每年8月25日设立为"残疾预防日",提高公众残疾预防意识。制定发布《国家残疾预防行动计划(2016—2020年)》,有效控制出生缺陷和发育障碍致残、着力防控疾病致残、努力减少伤害致残和显著改善康复服务等四项行动取得积极进展,主要任务目标基本实现。

残疾人受教育水平稳步提高。着力办好特殊教育,大力发展融合教育,努力保障残疾人享有平等受教育权。2020年全国共有特殊教育学校2244所,专任教师6.62万人,在校学生88.08万人,比2013年增加51.27万人,增长139.3%。不断完善随班就读支持保障体系,在普通学校随班就读的残疾学生规模不断扩大,由2013年的19.1万人增加到2020年的43.58万人,增长128.2%。近10年来,残疾学生在普通学校就读的比例均接近或超过 50%。全国实现了家庭经济困难残疾学生从小学到高中阶段教育的 12 年免费教育。

残疾人就业权利得到更好保障。中国通过完善法律法规、拓展就业渠道、完善服务体系,促进残疾人就业权利的实现。截至 2020 年,全国共有残疾人就业服务机构 2811 家,国家级残疾人职业培训基地 478 家,城乡持证残疾人就业人数 855.2 万人。积极开展残疾人扶贫。2015 年至 2020 年,全国共建立 4581 个残疾人扶贫基地,扶持近 40.9 万残疾人就业增收;建档立卡贫困残疾人家庭人均纯收入由 2015 年的 2776.2 元增长到 2019 年的 8726.2 元。

残疾人无障碍环境建设大力推进。制定实施《无障碍环境建设条例》。截至 2020 年,1753 个市、县开展无障碍建设,全国累计创建 469 个无障碍市县村镇。全国村(社区)综合服务设施中有 81.05% 的出入口、56.58% 的服务柜台、38.66% 的厕所进行了无障碍建设和改造。2016 年至 2020 年,全国共有 65 万贫困重度残疾人家庭得到了无障碍改造。截至 2019 年,全国已建成各级残疾人综合服务设施 2341 个,康复设施 1006 个,托养服务设施 887 个;共有省级残疾人专题广播节目 25 个、电视手语栏目 32 个;设立盲文及盲文有声读物阅览室 1174 个。全面推进信息无障碍建设，增强信息无障碍终端产品供给，推进无障碍产品和服务技术推广应用，拓宽残疾人参与信息社会的渠道，推动信息化与无障碍环境的深度融合，消除"数字鸿沟"，助力社会包容性发展。

全面小康，贵在全面。中国始终把人民安危冷暖、安居乐业放在首位，全力解决好人民群众关心的问题，在幼有所育、学有所教、劳有所得、病有所医、老有所养、住有所居、弱有所扶上取得显著进展。全面建成小康社会惠益了全体人民，使中国人民享有了比任何时候都更为充分的人权。

结　束　语

全面建成小康社会，是全体中国人民在中国共产党领导下拼搏奋斗的一项伟大壮举。

全面建成小康社会的伟大实践，积累了尊重和保障人权的宝贵经验。这就是在中国共产党的领导下，在中国特色社会主义制度中，坚持人权的普遍性与中国国情相结合，坚持以人民为中心的人权理念，坚持生存权发展权是首要的基本人权，坚持以发展促人权，坚持人民幸福生活是最大的人权，坚持人权法治保障，坚持促进人权事业全面发展，推动构建人类命运共同体。

中国人口占世界总人口的近五分之一。中国全面建成小康社会，是世界人权事业发展史上的重要里程碑。中国在全面建成小康社会的伟大进程中，所创造的尊重和保障人权的成功做法和经验，为增进人类福祉贡献了中国智慧、提供了中国方案。

人权保障没有最好，只有更好。全面建成小康社会，奠定了中国人权发展进步的新起点。在全面建设社会主义现代化国家新征程中,中国共产党将把握新发展阶段,贯彻新发展理念,构建新发展格局,推动高质量发展,继续带领全体人民为享有更加幸福安康的生活和更高水平的人权而奋斗。中国必将为世界人权事业发展作出新的更大贡献。

责任编辑：刘敬文

图书在版编目（CIP）数据

全面建成小康社会：中国人权事业发展的光辉篇章/中华人民共和国国务院新闻
　办公室 著.—北京：人民出版社,2021.8
ISBN 978－7－01－023686－5

Ⅰ.①全…　Ⅱ.①中…　Ⅲ.①人权-研究报告-中国②小康建设-研究报告-中国
　Ⅳ.①D621.5②F124.7

中国版本图书馆 CIP 数据核字（2021）第 164399 号

全面建成小康社会:中国人权事业发展的光辉篇章

QUANMIAN JIANCHENG XIAOKANG SHEHUI ZHONGGUO RENQUAN SHIYE FAZHAN DE GUANGHUI PIANZHANG

（2021 年 8 月）

中华人民共和国国务院新闻办公室

人 民 出 版 社 出版发行
（100706　北京市东城区隆福寺街 99 号）

中煤（北京）印务有限公司印刷　新华书店经销

2021 年 8 月第 1 版　2021 年 8 月北京第 1 次印刷
开本:787 毫米×1092 毫米 1/16　印张:3.75
字数:30 千字

ISBN 978－7－01－023686－5　定价:20.00 元

邮购地址 100706　北京市东城区隆福寺街 99 号
人民东方图书销售中心　电话（010）65250042　65289539